DU

GOUT MUSICAL EN FRANCE

DU
GOUT MUSICAL
EN FRANCE

PAR

M. FRÉDÉRIC NICOT

Avocat près la Cour impériale de Nimes.

NIMES

IMPRIMERIE BALDY ET ROGER, RUE Ste-URSULE

VIS-A-VIS L'ENTRÉE DES ARÈNES

—

1855

DU

GOUT MUSICAL

EN FRANCE.

La noblesse des arts, comme celle de la naissance, est fondée sur trois illustres prérogatives : l'antiquité de son origine, sa puissance marquée, la vénération des peuples. On ne peut contester ce triple avantage à la musique, et pourtant, tout en professant pour elle un grand enthousiasme, tout en encourageant quelquefois outre mesure les talents d'exécution, on semble faire aujourd'hui assez bon marché de la partie morale de cet art, et ne le prendre que comme un délassement propre à rafraîchir l'esprit fatigué des préoccupations d'un autre ordre. Au point de vue positif, il en serait ainsi de tous les arts, de la littérature elle-même, et cependant les esprits les plus sérieux s'accordent à reconnaître que tout ce qui sert à développer les forces de l'intelligence et à répandre le goût du beau, dans quelque genre que ce soit, tend au perfectionnement et au bonheur de l'humanité. Ennoblir les instincts des masses, polir leurs mœurs, substituer aux habitudes grossières et funestes des distractions qui ouvrent l'âme à des sentiments plus délicats, n'est-ce pas un tâche digne des législateurs et des philosophes ? Nulle part elle n'a été plus complétement acceptée et plus consciencieusement remplie dans son ensemble qu'en France ; mais, sur le point spécial dont il s'agit, les efforts me paraissent pouvoir être mieux dirigés. Pour le démontrer, j'aurai besoin d'examiner quelque peu la musique dans son principe.

La musique n'a pas été imaginée par l'homme ; elle résulte de son organisation même ; son origine est donc empreinte d'un cachet divin. Cette vérité, le paganisme même l'a mise en lumière en nous présentant ses dieux comme créateurs de la musique : Apollon l'avait inventée, inspiré par Minerve ; elle était donc l'œuvre du dieu du beau et de la déesse de la sagesse. (Il y aurait dans ce rapprochement une sorte d'avis au lecteur, si le musicien en avait besoin.)

Au milieu de l'Olympe, le dieu de la lumière et de l'intelligence tient à la main une lyre, et les muses qui l'entourent ont donné leur nom à l'art de charmer par les sons. L'histoire touchante d'Orphée, les dangereuses séductions des Syrènes témoignent du pouvoir surnaturel que les anciens attribuaient à la musique.

Si nous laissons de côté l'antiquité fabuleuse qui raconte qu'il suffisait de quelques accords pour apprivoiser les tigres, édifier les villes, que le cours des astres ne s'accomplissait que sous le charme d'une force harmonieuse, nous trouvons chez les nations anciennes les plus célèbres, chez les Grecs surtout, le respect le plus profond, le culte même de la musique le mieux établi. Là, son empire était immense, il s'étendait non seulement à la science des sons, mais à la poésie, à l'éloquence, à la gymnastique et même à la grammaire. La musique a fait de la langue grecque la langue la plus harmonieuse qu'aient jamais parlée les hommes. Les philosophes la regardaient comme un élément nécessaire de toute éducation depuis la première enfance jusqu'à l'âge de 20 ans. Aristote, Platon, Plutarque, Quintilien en prescrivaient l'étude. Epaminondas était loué de la posséder à fond, Thémistocle déconsidéré parce qu'il l'ignorait ; enfin Socrate, déjà vieux, l'apprenait pour combler une lacune de son éducation, peut-être aussi pour se consoler des emportements de sa chère Xantippe.

Mais c'était surtout comme moyen de faire aimer la vertu, de calmer les passions, d'adoucir les mœurs et de civiliser les peuples que les anciens recouraient au chant. Les préceptes de morale qu'ils enseignaient à la jeunesse étaient toujours accompagnés de la double mélodie de la poésie et de la musique, afin de les rendre plus aimables et de les mieux graver dans le cœur et dans la mémoire. Aussi, dans son origine et pendant longtemps, la musique fut-elle exclusivement réservée au culte de dieux et à l'éducation de la jeunesse. Elle était alors simple et grave telle qu'elle doit être pour chanter les louanges des gens de cœur et pour que les gens de cœur la chantent. C'est ainsi que s'explique l'importance politique et religieuse que tous les anciens philosophes y attachaient.

A côté de ces faits, combien n'en pourrions-nous pas citer encore que nous fourniraient d'autres peuples et d'autres temps ? Ne sont-ce pas d'éclatants témoignages en faveur de la musique que les psaumes de la Bible, les chants des premiers chrétiens jusque dans les tortures du martyre, les cantiques de nos églises, les chœurs harmonieux des bardes ? et les vers du Tasse dans la bouche des gondoliers de Venise, et le ranz agreste des montagnes de Suisse ? Descendons en nous-mêmes. Notre âme n'est-elle pas sous la main de la musique comme un instrument docile dont elle fait vibrer chaque corde selon sa volonté et même son caprice ? Par quel prodige, secret du Créateur de toutes choses, parvient-elle à endormir la douleur, à prêter un charme mélancolique à la tristesse, à prodiguer une joie de plus au plaisir, à relever les courages, à agrandir nos facultés, à dégager l'humanité de tout lien terrestre et à la transporter dans les plus sublimes régions ?

N'est-ce pas la musique qui calme les premières douleurs de l'enfant et appelle le sommeil sur son berceau, par la chanson de sa mère ou la complainte de sa nourrice ? N'est-ce pas elle qui traduit en éclats joyeux la vivace gaîté de la jeunesse ? N'est-ce pas elle qui soutient l'homme fait dans ses travaux ? Le laboureur chante en traçant son sillon, et le berger en guidant son troupeau. Le matelot règle ses efforts en les accompagnant de sa voix. La musique s'associe aux joies comme aux peines ; elle s'assied à la table du banquet comme au chevet du lit de douleur. Dans le sentier qui conduit à l'église, on entend une noce joyeuse célébrer en refrains rustiques les espérances du mariage, tandis que la voix du pauvre aveugle implore la compassion, et que dans la chaumière du montagnard un chœur funèbre jette les derniers adieux sur un cercueil qui vient de se fermer.

Le rôle de la musique grandit encore quand l'homme

est jeté hors de la vie de tous les jours par ses passions ou par la force des événements. Tout ce qui fermente et bouillonne dans le cerveau et dans le cœur a besoin de s'épancher en élans extérieurs. L'amour inspire les accents tendres et voluptueux. Aux jours de fêtes nationales, les souvenirs glorieux sont rappelés par les pompeuses cantates. La haine, le désespoir des vaincus ou des opprimés s'exhalent en strophes menaçantes. Les peuples primitifs chantent en allant au combat pour défier leurs ennemis, après la victoire pour célébrer leur triomphe, et les troupes disciplinées sont animées et soutenues par le rhythme guerrier des instruments. Dans les forêts du Nouveau-Monde, où la solitude et la vie nomade au milieu des merveilles de la nature donnent à tout un caractère poétique, les actes solennels sont accompagnés d'une bizarre mélodie, et l'Indien, attaché au poteau de supplice, brave les tortures par son chant de mort.

Mais il est un sentiment universel qui plane sur le monde et devant lequel s'effacent tous les mouvements humains : c'est cet instinct impérieux qui pousse l'homme vers son Créateur. La partie immortelle de notre être aspire au ciel, et la parole ne suffit plus pour adresser à Dieu les élans de la prière. Un langage universel, un langage magnifique et passionné est alors parlé par toute la terre, et un concert d'actions de grâces s'élève de toutes parts jusqu'à l'Eternel. Cette expression des instincts religieux est si touchante et si naturelle, que les sectes les plus austères qui ont proscrit toutes les recherches mondaines n'ont pas pensé à la bannir de l'exercice de leur culte. Luther, le grand réformateur, a composé lui-même quelques-uns de ces beaux chorals qu'entonnaient les protestants au temps de la lutte et de la persécution.

L'Église catholique, qui fait la part la plus grande aux impressions extérieures, a donné à cette manifestation enthousiaste de l'amour divin toute sa puissance par la richesse de l'harmonie et le contraste des voix. Ses grandes cérémonies empruntent à la musique leur plus grand prestige, et au moment de confier à la terre un de ses enfants, elle appelle sur lui la miséricorde céleste par le funèbre *De Profundis*.

Ainsi, avec des formes différentes, depuis les onomatopées gutturales des sauvages jusqu'aux admirables mélodies de l'art européen, la musique est la compagne assidue de l'humanité. Elle est née avec elle au commencement des siècles, et la suit par toute la terre. Les plus grossières organisations ont un trésor de sentiments qui s'échappent parfois à leur insu. Dans les moments où un travail machinal emploie les forces matérielles sans mettre en œuvre l'intelligence, l'étincelle divine qui anime tous les êtres humains, même ceux qui sont placés le plus bas sur l'échelle morale, perce les ténèbres dont elle est enveloppée et se fait jour un instant. Un besoin d'expansion, une sorte de tendresse sans objet pressent ces natures engourdies, et alors la musique les satisfait en exprimant ces sensations vagues que la parole ne pourrait rendre, par quelque vieille chanson ou même par des modulations irrégulières et presque involontaires.

Ce n'est pas seulement en lui, c'est autour de lui que l'homme retrouve la musique primitive. Tout, dans la nature livrée à elle-même, prend une voix pour qui sait l'entendre. Le chant matinal du coq, le gazouillement des oiseaux, le bourdonnement des insectes, le frémissement du feuillage, le murmure de l'eau, le mugissement des bœufs au pâturage, la cloche lointaine forment des harmonies qui se marient admirablement avec les divers aspects de la campagne, à mesure que le jour s'avance. Quand le soleil est couché, que tout se tait et se repose, le rossignol salue la nuit de ses cadences brillantes. Plus tard, le silence n'est interrompu que par des notes plaintives et répétées de l'orfraie, qui inspirent une crainte superstitieuse. Aux mauvais jours, quand tout devient sombre et menaçant, le vent qui s'engouffre dans les longues galeries ou qui gémit dans les montagnes, le roulement des vagues, le grondement croissant de la tempête font sentir à l'homme son néant. Tous ces effets physiques nous frappent vivement et répondent à nos impressions intérieures. Ce ne sont donc pas de simples bruits; car le bruit agit sur nos nerfs sans atteindre nos facultés morales. C'est un ensemble de sons qui ne peut en général être rendu par la notation écrite, mais où une oreille attentive démêle des intentions mélodiques et de larges accords. Ne sont-ce pas là des conditions musicales?

Si la musique est une langue en quelque sorte naturelle à l'homme, si cette langue parlée dans son cœur est aussi celle de tout ce qui l'entoure, il n'est pas surprenant que dans beaucoup de cas elle ne soit pas un art enseigné et appris, mais une inspiration qui se produit sans travail. Dans toutes les connaissances humaines, les plus humbles essais, les plus informes ébauches impliquent toujours l'idée d'une réflexion, d'une étude quelconque; ils ont coûté beaucoup d'efforts et employé beaucoup de temps. Il n'en est pas ainsi de la musique. Sur le haut des montagnes, au bord de la mer, au milieu des populations étrangères à tout mouvement intellectuel, ne sachant ni lire ni écrire, vous entendez des chants d'un caractère naïf et original, plein de mélancolie ou de verve, et d'un dessin qui vous étonne et vous séduit. Chacun les répète sans s'inquiéter d'où ils viennent. Ils sont peut-être vieux de quelques siècles et ont été jetés au vent du soir par un berger, par un matelot, échauffés pendant quelques minutes de ce feu mystérieux qui naît de la solitude ou du danger. C'est surtout chez les peuples voués à la vie extérieure et contemplative que se développe le sens de la production spontanée, parce que cette vie, qui met plus en contact avec les grandes scènes de la nature, laisse plus de loisirs, ouvre un champ plus vaste à l'esprit, lui donne du penchant à la douce tristesse, et élève ses instincts.

Dans ce cas, la musique part du cœur; aussi va-t-elle droit au cœur. Qui de nous ne l'a éprouvé cent fois? Un tableau, un récit nous ont laissés froids et n'ont pu réveiller notre mémoire : quelques sons dissipent par enchantement le nuage : nous revoyons les personnes, les lieux, les objets; tous les sentiments morts renaissent; la joie, la douleur se raniment vives et puissantes comme au premier jour. La reine Marie-Antoinette aimait beaucoup l'air suisse connu sous le nom de *Ranz-des-Vaches*, et se plaisait à l'entendre exécuter par la musique des Gardes. Un jour, qu'il lui semblait avoir été privée longtemps de son air favori, elle reprocha, en riant, cette négligence à M. de Bezenval, colonel-général des Suisses : « Ce n'est pas un oubli, Madame, répondit M. de Bezen- » val; j'ai été forcé d'interdire cet air à ma musique, » sinon il ne fût plus resté de gardes à Votre Majesté. » En effet, les soldats, entendant la mélodie de leurs montagnes natales, étaient saisis du mal du pays, au point de déserter par bandes, ou de mourir à l'hôpital s'ils étaient surveillés de trop près.

Est-il possible, en présence de ce pouvoir éternel, irrésistible, universel, de méconnaître l'immense valeur morale de cet art, qui a reçu du génie de l'homme sa forme et ses développements; mais qui, plus que tout autre, semble, par son principe, d'origine céleste? Est-il permis, dès-lors, de le laisser à l'écart quand on s'occupe du mouvement de l'esprit humain? Est-il prudent de l'abandonner aux caprices de la mode ou aux erreurs d'un faux goût? C'est ici que nous allons entrer dans la partie pratique de la question; on pourra trouver que j'ai un peu tardé à le faire, mais il me paraissait indispensable, avant d'examiner comment on comprend la musique en France, de définir aussi complétement que possible l'essence de cet art, sa force et le rôle qu'il joue dans notre vie.

Comme nous l'avons déjà dit, la musique primitive étant un libre jet de l'âme, sans enseignement et sans comparaison, chaque peuple a eu la sienne bien avant que les arts, ensevelis sous les ruines de la Grèce dégénérée, eussent refleuri à l'ombre du palais des Médicis. On avait bien vu, sous le règne de Charlemagne, des moines italiens appelés à former des écoles de chant. Ce grand prince, qui, comme tous les hommes de génie, connaissait l'importance des détails, avait considéré la musique comme un des principes les plus fécondants de la civilisation hâtive qu'il s'efforçait de donner à l'Europe barbare. Il sentit que son œuvre mourrait avec lui, il était pressé de fonder et de jouir. Il ne pouvait, d'ailleurs, s'occuper que de la musique religieuse, de la seule qui eût alors une forme et des règles, de celle qui devait contribuer à l'éclat des cérémonies du culte et à la propagation de la foi. Il s'adressa donc à ceux qui avaient gardé comme un

dépôt sacré la tradition des anciens chants chrétiens, re-
produits eux-mêmes sans doute des mélopées de l'antiquité
greeque. La science du plain-chant passa les Alpes; mais,
si ses bienfaits furent réels, ils ne s'étendirent pas hors
des églises, et le peuple resta livré à ses dispositions na-
tives.

Sous ce rapport, il était richement doué, à en juger
par les échantillons qui nous sont parvenus. Probablement
les gracieuses ballades ou les énergiques *canzones* des
trouvères du moyen-âge étaient accompagnés de mélodies
assez remarquables, car les chroniques et la poésie elle-
même témoignent de l'enthousiasme qu'elles excitaient,
et du prix qu'on mettait au talent d'exécution des chanteurs et des joueurs de luth. Nous avons entendu, il y a
plusieurs années, à un concert de la Société de musique
classique à Paris, des airs et des chœurs composés au qua-
torzième siècle par des Français, où il y a plus de grace
et de vraie science que dans certain opéra tout entier
qui fait, en 1835, salle comble aux Italiens. Ces airs ne
le cèdent en rien à ceux des productions contemporaines
italiennes ou allemandes; et il ne faut pas croire que ce
soit de ces exceptions sur lesquelles il serait téméraire de
juger une époque. Tout le monde a entendu dans le Berri,
au pays basque, en Auvergne, de délicieux chants populaires, et, dans tous les coins de la France où il reste un
dernier parfum du passé, on retrouve ces inspirations naïves.

Quand la guerre eut amené les Français en Italie, ils
furent émerveillés des splendeurs que les arts venaient
d'y répandre. Le premier soin de la paix fut donc, pour
Louis xii et François 1er, d'appeler à grands frais dans
leur royaume quelques-uns des artistes qui brillaient à
Rome, à Florence ou à Venise.

Le mouvement se borna toutefois aux arts du dessin. Les Italiens avaient bien déjà la supériorité sur le reste de l'Europe pour la musique religieuse ; mais la renommée des maîtres en ce genre ne passait guère les limites de leur province natale, et la musique profane n'avait encore chez eux, comme partout ailleurs, qu'une importance très-secondaire.

C'est au dix-septième siècle qu'on peut placer la naissance de la véritable musique dramatique et concertante. Ici, l'Italie resta en arrière pendant quelque temps, et je ne lui connais pas à cette époque de compositeur qui puisse être nommé à côté des allemands Bach et Haendel, ou de Lully, qui doit, bien que né à Florence, être compté comme compositeur français, puisqu'il a quitté sa patrie à douze ans, et qu'il a appris et pratiqué son art en France. L'Italie ne tenait même plus la première place sans partage dans la musique d'église : Bach et Haendel marchaient sur ce terrain d'un pas au moins égal à Carissimi, à Marcello, à Scarlatti.

Sous le rapport de l'exécution, l'Italie n'avait pas encore le privilége de fournir des chanteurs au monde civilisé. Quelques joueurs de luth seulement avaient suivi les aventuriers florentins qui s'étaient abattus sur la France à la suite de Catherine et de Marie de Médicis. Mais, au dix-septième siècle encore, on ne voyait sur les listes du Grand-Opéra, nouvellement fondé, que des noms français, dont quelques-uns ont mérité de venir jusqu'à nous. Il en fut de même dans les trois premiers quarts du dix-huitième siècle. Déjà les virtuoses italiens parcouraient l'Allemagne qu'ils n'avaient pas encore paru chez nous.

Ils y entrèrent enfin par une singulière porte. On vit débarquer au théâtre de la Foire le docteur Pantalon,

Cassandre, Arlequin, Colombine et Scaramouche, qui risquèrent quelques farces assez équivoques, d'abord en pantomime, puis parlées et assaisonnées de refrains populaires. Ils firent rage, et les gens du bel air jugèrent que c'était là le bon comique. De musique, il n'en était pas question encore, et Rameau, homme d'un talent trop oublié maintenant, régnait sans partage; mais les chanteurs italiens, qui commençaient à briller dans le reste de l'Europe, pensèrent que quelques-uns des charmants opéras-comiques qui se jouaient alors dans leur pays auraient au moins autant de succès que les éternelles amours de Léandre et d'Isabelle, et sollicitèrent la permission de chanter à Paris. Si ma mémoire me sert bien, ce fut après l'avénement de Louis XVI qu'il pensèrent à élever un théâtre sérieux, tout en gardant le nom de *bouffons*. Il est possible qu'ils eussent déjà fait quelques essais pendant les dernières annnées du règne de Louis XV; mais, dans ce cas, ils avaient été sans grand retentissement.

La politique, et, par suite, les idées philosophiques leur vinrent en aide; la jeune reine Marie-Antoinette soutenait avec chaleur son auguste compatriote Christophe Gluck, et par suite la musique française, qui avait avec celle de ce grand génie quelques analogies, au moins pour la déclamation dramatique. Monsieur, frère du roi, qui se piquait à bon droit de bel esprit et de bon goût, qui faisait en même temps une sourde opposition à la cour, voulut élever autel contre autel sur tous les points : protecteur des novateurs et des encyclopédistes, il devint aussi le Mécéne des bouffons italiens dont le théâtre prit son nom.

A cette époque, vers 1778, la portion éclairée de la société sembla frappée de vertige: on oublia que les Italiens étaient venus de la veille, et qu'avant eux il y avait eu de belles œuvres et de grands artistes ; on déclara la France barbare au premier chef , incapable de sentir les beautés de la mélodie. Notre langue était anti-musicale, nos chants étaient un insipide faux bourdon ; nous étions des Welches, enfin. Ce thème prêtait aux déclamations , on s'en empara ; il s'accordait merveilleusement, en outre, avec le singulier patriotisme qui venait d'être inventé, et qui est encore aujourd'hui en pleine vigueur, celui qui exalte les peuples voisins en déplorant l'abaissement de son pays. On avait déjà accordé aux Anglais le monopole de la liberté, des sciences et des vertus sociales ; aux Allemands, la profondeur de la pensée ; l'Italie fut proclamée la terre classique de la musique. Les chefs de cette révolution avaient besoin d'un nom comme drapeau ; ils prirent celui de Piccini, et firent à cet homme, dont le talent, quoique très-remarquable, ne méritait pas ce dangereux honneur, la mauvaise plaisanterie de l'opposer à l'immortel Gluck.

Cet engoûment, tout ridicule qu'il fût par son exagération, eut à ce moment une heureuse influence ; il donna une impulsion puissante au goût musical, assez languissant jusqu'alors. On se battit à coups de brochures et d'épigrammes ; on s'injuria, on se calomnia même un peu ; mais, enfin, on se passionna. Les esprits, en proie à une fermentation cachée, avaient soif de discussion et d'émotions ; on ne s'occupait encore que fort peu de politique, et la littérature s'usait et s'éparpillait en menues œuvres. Aussi se jeta-t-on avec une sorte de fièvre dans les luttes musicales. Les représentations de l'Opéra et des Italiens devinrent la grande affaire du jour. Le mouvement monta jusqu'à la cour et descendit jusque dans les derniers rangs de la bourgeoisie. C'est au milieu des obstacles et des combats que grandissent les arts ; aussi la musique fit-elle, à cette époque, un grand pas en France ; et ce public parisien se plaça, parmi les juges qui prononcent sur elle, au premier rang qu'il occupe encore aujourd'hui.

La concurrence italienne, en amenant ce résultat, rendit donc alors un éminent service, et ce ne fut pas le seul. Bien que la musique dramatique allemande eût une supériorité réelle, sinon reconnue, il y avait d'excellentes choses à prendre dans les opéras italiens. La grace des mélodies, l'aisance et la finesse du travail, la parfaite appropriation du chant à la voix des exécutants étaient des éléments de plaisir pour le public et de fort bonnes leçons pour les compositeurs qui auraient été tentés d'adopter exclusivement la méthode énergique, mais parfois un peu rude de Gluck.

Jusqu'aux dernières années du dix-huitième siècle, la musique italienne et la musique française se maintinrent sur la même ligne ; chacune comptait de dignes représentants. Paesiello, Cimarosa ne pouvaient faire négliger Grétry et Monsigny. Les théâtres lyriques avaient une si grande vogue, qu'ils sentirent à peine le contre-coup de la Révolution, et qu'ils restèrent ouverts pendant les plus mauvais jours. Seulement, alors, les bergères ou les nymphes portaient la cocarde tricolore comme symbole de civisme.

Au commencement de ce siècle, le talent original et sublime de Talma, qui venait de régénérer la scène tragique, détourna un peu la faveur publique de l'Opéra, qui, d'ailleurs, commençait à faiblir. Les Italiens eurent l'habileté de s'approprier Mozart et de le donner comme un des leurs ; nous n'avions rien de cette force, et

nous ne pûmes nous soutenir que par l'opéra-comique,
où Méhul , aidé de ses glorieux devanciers , pouvait
tenir tête à tout venant. Puis , le vent de la cour
souffla du côté des Italiens. Bonaparte embrassa leur
cause , sinon avec un grand discernement, du moins
avec une grande obstination. Il déclara la guerre à la
musique française, n'exceptant de sa proscription que
l'opéra *des Bardes*, à cause de sa faveur marquée pour
Ossian , et décida qu'il n'y avait de mélodie que de
l'autre côté des Alpes ; du reste, il n'était pas bien perspi-
cace à démêler les caractères distinctifs de sa musique de
prédilection, et tout le monde connaît la mystification
dont Méhul le rendit victime en lui faisant applaudir avec
délices son opéra-comique de l'*Irato*, qu'il lui avait donné
comme une composition italienne avec des paroles françaises. Le maître avait prononcé. Les Italiens triomphè-
rent, et, il faut le dire, justifièrent leur succès par leurs
efforts. Une troupe d'élite exécutait un répertoire choisi ;
et nos heureux pères ont vu dans ces beaux jours les
chefs-d'œuvre de Mozart, de Paesiello, de Cimarosa et de
Paër , dont deux ou trois seulement ont été conservés au
théâtre. Ce fut pour les Italiens une période brillante ,
mais qui ne fut pas sans éclat non plus pour les scènes
françaises. Elle dura jusqu'à l'apparition d'un des plus
grands génies musicaux qui ait charmé l'Europe, de Gioa-
chimo Rossini.

Avant d'examiner quelle a été l'influence de ce maître,
résumons cet exposé en quelques mots. La France a eu ,
comme les autres pays civilisés, sa musique nationale
jusqu'au dix-septième siècle. A cette époque, elle a suivie
sans secours étranger, le mouvement imprimé à la musique dramatique. A la fin du dix-huitième siècle seule-

ment, les Italiens y sont humblement entrés sous le nom de *Bouffons*, qu'on leur conservait encore il y a quelques années à peine, et qui suffirait à rappeler leur origine. Il n'y a pas cinquante ans qu'ils ont reçu, autant de la mode que de leur mérite, la place qu'ils occupent dans l'estime de la société élégante. On doit convenir que si leur supériorté est aussi grande que certains le prétendent, au moins n'est-elle pas bien ancienne. Les dillettanti ultramontains qui ont formulé cette doctrine intolérante : « Hors de l'Italie, point de salut ! » sont donc bien ignorants ou bien oublieux du passé glorieux auquel leurs favoris sont restés complétement étrangers. Nous reviendrons tout à l'heure sur ce dédain injuste et irréfléchi.

Il y a quelques années que le gouvernement donna à l'Opéra une statue de Rossini. Bien que cet hommage isolé ait pu paraître un peu exclusif dans une salle où l'on a entendu *Armide*, *Orphée* et *Iphigénie*, où l'on entend encore *Robert le Diable*, *les Huguenots*, *la Juive* et *la Muette*, cependant il fut accueilli par d'unanimes applaudissements. Un pareil acte de justice honore également le pays qui le fait et l'homme qui en est l'objet. Mais c'est au seuil du Théâtre-Italien surtout que devrait avoir été élevée, il y a trente ans, l'image de ce grand compositeur. Elle rappellerait chaque jour, non pas sa gloire, qui n'a pas besoin de ces témoignages extérieurs, mais la gloire de la musique italienne moderne, *qui ne tient qu'à lui seul* et qui menace de s'éteindre. On s'est demandé souvent pourquoi, dans la force de l'âge et du talent, parvenu au faîte de la célébrité et de la fortune, Rossini avait subitement abandonné la composition. On a attribué cette retraite subite à une espèce d'irritation et de dégoût pour des succès partagés. Il serait, en effet, assez difficile de se l'expliquer autrement, et ce sentiment de susceptibilité serait une faiblesse, s'il n'était né que du dépit de se voir disputer le sceptre par des concurrents sérieux, après avoir régné seul. Il serait, de plus, injuste, car sur une de nos scènes lyriques, à l'Opéra, les œuvres plus récentes qui ont eu le plus de faveur n'ont pas porté atteinte un instant à l'admiration qui, depuis tant d'années, salue *Guillaume Tell* et le *Comte Ory* à chaque représentation. Mais le légitime orgueil de l'homme du génie a pu, a dû même être blessé de voir dans son théâtre bien aimé, dans celui auquel il avait jeté à flots les trésors inépuisables de sa fécondité, des œuvres inqualifiables exciter les mêmes transports que ses partitions les plus parfaites.

Oui, des artistes ingrats, pour réveiller un public blasé et sans instruction musicale, ont rayé de leur répertoire la *Gazza*, la *Cenerentola*, la *Donna del Lago*; ils ont laissé, comme par grâce singulière, apparaître, à de rares intervalles, *Otello* ou *Il Barbiere*, et qu'ont-ils mis à la place, grand Dieu! Nous ne le savons que trop. Ces actes de barbarie imprudente sont approuvés des habitués; on applaudit encore le grand maître, on convient qu'il n'est pas encore dépassé, mais c'est *vieux*, il faut changer; et puis, les nouveaux opéras vont si bien à la voix de tel ou tel... La presse s'en mêle, et l'on a osé dans quelques journaux annoncer qu'il s'était fait récemment une révolution musicale semblable à celle qu'avait opérée Rossini, il y a trente-cinq ans, et l'auteur de ce mouvement serait..... le maëstro *Verdi!* Prodigieux!! comme dirait le Domine Sampson de Walter-Scott.

Mais non, je vous calomnie en vous supposant irrité, ô Rossini, vous qui avez tant d'esprit, quoique vous soyez un homme de génie. Il n'est pas possible que vous fassiez à toutes ces niaiseries l'honneur de votre colère. Nonchalamment couché, comme le voyageur à Lilliput, vous regardez en riant dans votre barbe les efforts des pygmées, qui s'aveuglent de leur mauvais encens et s'étourdissent de leurs louanges mutuelles au point d'oublier la taille du colosse qu'ils dédaignent. Un beau jour, demain peut être, vous vous léverez, las de votre trop long repos, et les malheureux disparaîtront invisibles sous vos pieds. Vous retrouverez à Paris des hommes dignes au moins de se mesurer avec vous, mais ce ne sera pas parmi vos compatriotes, parmi ceux qui prétendent vous imiter, et, chose plus bouffonne encore, vous réformer !

Pouvait-on imiter Rossini, ce Rubens de la mélodie ? Peut-on copier la vie, le mouvement, la chaleur, la grâce qu'on retrouve à chaque page de ses magnifiques partitions ? Comme le soleil, il répand ses richesses sans compter, et, comme le soleil, il renaît, au jour d'après, aussi puissant, aussi prodigue. Tout ce que la mélancolie a de rêverie n'est-il pas empreint dans *Otello* ? Quel parfum agreste dans la *Donna del Lago* ! quelle majesté dans *Sémiramide*, dans *Mosè* ! quelle verve, quelle gaîté dans *Il Barbiere*, dans *le Comte Ory* ! quelle grâce naïve dans *Cenerentola* ! quelle richesse, quelle passion dans la *Gazza* ! et, pour couronner l'édifice, *Guillaume Tell*, l'opéra le plus complet qui ait été écrit depuis *Don Juan*, de Mozart ! L'inspiration et l'exécution dans un seul homme ; toutes les situations de la vie, tous les sentiments humains saisis et rendus sans hésitation, sans travail ; la variété, la spontanéité, l'originalité des formes musicales, la science plutôt innée qu'apprise, qui ne se montre ja-

mais, et qui se fait sentir partout où elle peut ajouter à
l'énergie ou à la finesse; voilà ce qui nous a été donné
d'admirer dans Rossini. Ce ne sont pas là des qualités
d'école, mais des dons de la nature. Il ne doit rien aux
systèmes, rien aux hommes, il tient tout de Dieu et de
lui-même; il est donc inimitable.

Je regarderais comme oiseux et presque ridicule de ma
part de faire aujourd'hui l'éloge des beautés incontestées
qui ont ravi l'Europe depuis trente-cinq ans, et je ne
me suis laissé aller au plaisir d'exprimer mon admiration que pour répondre d'avance à un naïf argument.
« Vous n'aimez donc pas la musique italienne ? » disent
les mélomanes de la salle Ventadour aux gens que les mé-
rites de *Linda di Chamouni*, du *Fantasma*, de *Maleck-
Adel*, de *Nabuco* trouvent insensibles. Si fait bien, nous
l'aimons, et beaucoup, quand elle est de Piccini, de Sac-
chini, de Cimarosa, de Bellini même, mais surtout de
Rossini. Comment ne pas aimer cette abondance, cette
facilité d'allure, ces élans mélodieux, cette mollesse vo-
luptueuse ? Ce serait se refuser aux impressions les plus
douces, les plus enivrantes, repousser la chaleur et la vie.
Nous aimons ces belles œuvres comme nous aimons Ra-
phaël, Titien, Corrège; mais nous ne pensons pas avoir
contracté pour cela l'engagement de payer à perpétuité
un tribut d'éloges à ceux qui ont pris la place des maîtres, uniquement parce qu'ils sont nés du même côté
des Alpes et qu'ils parlent la même langue. Il ne peut en
être du talent comme de la saveur des fruits : il n'est
pas inhérent au sol, au climat, au soleil. Ces classifica-
tions géographiques peuvent être commodes pour les esprits paresseux, mais elles ne méritent ni un examen
sérieux, ni une réfutation.

La plus insigne des flatteries de Voltaire, aux têtes cou ronnées, est bien dans ce vers qu'il adressait à Catherine :

C'est du Nord, à présent, que nous vient la lumière.

L'hyperbole est trop forte en parlant de la Russie, qui non seulement n'éclaire pas, mais encore ne se laisse guère éclairer. Il est incontestable que les arts ont dû leur régénération et leur plus vif éclat à l'Italie ; mais il ne reste plus de cette grande époque que les monuments et le souvenir. Un instant relevée par la musique, la gloire de cette contrée a péri presque entière, et le laurier n'y fleurit plus que sur des tombeaux. Pour la peinture et les arts qui s'y rattachent, la décadence a été lente ; elle a duré plus de trois siècles. La musique s'est écroulée dans une ruine subite. Portée au faîte par Rossini, elle est tombée dès que sa main puissante a cessé de la soutenir.

Mais s'il faut de la force pour faire du bien, il n'en faut guère pour nuire, et l'Italie agonisante a eu le malheureux pouvoir de communiquer à l'Europe la maladie dont elle était attaquée. On ne s'aperçut pas en Angleterre, et surtout en France, que Rossini avait laissé, dans ceux de ses ouvrages spécialement destinés à ses frivoles compatriotes, des négligences et des fautes au point de vue dramatique. On adopta, comme le dernier effort de l'art, certaines tournures un peu banales, certains accompagnements tout faits que le maître jetait au milieu de ses chants sublimes quand il était pressé. C'est là, il faut le dire, le côté répréhensible de Rossini. Il n'est pas, en général, assez soigneux de l'ensemble, de la vraisemblance des situations ; il n'a pas pour les sujets qu'il traite et pour lui-même tout le respect nécessaire. Emporté par la rapidité de la pensée et par l'abondance des mélodies, il confond un peu les genres et laisse échapper, dans les moments où les passions tragiques devraient assombrir ses accords, des phrases gaies et presque dansantes, toujours charmantes en elles-mêmes, mais de l'effet le plus choquant pour un auditeur un peu susceptible. Dans le but de rappeler à l'oreille les heureux motifs qu'il lui a déjà présentés, il abuse aussi, parfois, de la symétrie et de la construction des airs et des morceaux d'ensemble. C'est par ces deux points surtout qu'il est inférieur à Mozart, dont l'étonnante organisation alliait la logique à l'inspiration, et dont les formes musicales ne vieillissent jamais. Mais ces taches ne sont chez Rossini que le résultat de la précipitation ou d'un trop grand laisser-aller. Lorsqu'il ne s'est plus trouvé en présence des spectateurs italiens, qui veulent du chant quand même, sans s'inquiéter de la qualité ou de l'à-propos, il a serré sa manière, il s'est observé, et, sans rien perdre de sa verve, il a égalé en intelligence des situations et en nouveautés d'arrangement les plus illustres maîtres allemands et français. Nous avons l'honneur de l'avoir forcé, par le respect que lui inspirait le public parisien, à faire son plus bel ouvrage. Il a montré pour nous seuls un côté inconnu de son talent, et *Guillaume Tell* restera toujours comme un magnifique hommage rendu par le génie au goût sévère qui lui a arraché son dernier secret.

Malheureusement, quand *Guillaume Tell* est venu, le mal causé innocemment par Rossini avait jeté de profondes racines. On écoutait à l'italienne, sans tenir grand compte du sujet ; on se laissait bercer par le chant, sans avoir le courage d'en demander plus. Et comment chercher querelle à qui vous fait tant de plaisir ? Peu à peu, on devint épicurien ; on voulut jouir sans fatigue, sans préoccupation. L'oreille resta exigeante, mais le cœur et l'esprit commencèrent à être indifférents. On arriva par degrés à confondre l'art du chanteur avec la musique elle-même, et à ravir au compositeur une partie de son mérite pour le reporter sur les exécutants.

Quand Rossini quitta la carrière, on ne pouvait plus s'arrêter sur cette pente dangereuse. Vainement Meyerbeer tenta de nous ramener à la véritable intelligence de la musique dramatique. Ses trois magnifiques opéras (je laisse l'*Etoile du Nord* de côté pour un moment), où la science des situations et de la partie morale de l'art s'élève souvent aux proportions du génie, eurent un succès immense qui ne s'est pas affaibli ; il en fut de même de *la Juive*. Mais le monde élégant, celui qui dispose de l'argent et de la faveur, ne voulut pas changer ses habitudes ; Bellini se trouvait à point pour les satisfaire. Ses œuvres manquent de force, d'originalité ; mais elles sont empreintes d'une grace sentimentale qui peut charmer les gens peu soucieux des vraies conditions de la grande musique. A la mélancolie un peu monotone de Bellini succéda rapidement la vulgarité prétentieuse de Donizetti. La déplorable fécondité de ce compositeur nous inonda d'opéras sans nombre où la même forme mélodique se reproduit à l'infini sous des noms différents. C'est toujours la même liqueur fade et insipide qu'on représente dans des vases nouveaux et sous d'autres étiquettes. En ce qui touche Donizetti surtout, je sais que mon jugement va paraître sévère aux admirateurs de *Lucie*, de *la Favorite*, etc. Mais ils se rangeraient bien vite de mon côté s'ils connaissaient toutes les élucubrations musicales du

maëstro qui ternissent si justement la gloire que les remarquables partitions exceptionnelles que nous venons de
citer lui ont acquise.

Nous n'en sommes pas restés là. Bellini et Donizetti
vieillissent déjà, et les opéras du nouveau répertoire font
regretter les faux-semblants de musique de la *Somnam-
bula* et d'*Anna Bolena*. Les dilettanti conviennent que ce
n'est pas bien fort, mais cela est chantant, et il leur faut
du chantant avant tout. Où en trouver, si ce n'est là ?
Partout, excepté là. A l'Opéra, on chante mal souvent de
fort belle musique ; à l'Opéra-Comique, on chante assez
bien de charmante musique, lorsque dans ces deux théâtres on a le bon sens de ne pas la commander aux fabri-
cants italiens. Trouverait-on par hasard qu'il y a plus de
chant, dans les productions expédiées de Milan et de Na-
ples, que dans *la Muette, la Juive, Robert-le-Diable, les
Huguenots, le Freyschutz, Zampa, le Prophète* et tant
d'autres ? Trouve-t-on plus de verve comique, plus de
grace, plus de richesse d'invention dans une *Aventura di
Scaramucia* que dans *la Dame Blanche* et même *Ma tan-
te Aurore ?* Je m'arrête, il faudrait citer tout le répertoire
de Boïeldieu, d'Auber, d'Hérold, sans compter une foule
d'œuvres secondaires qui valent cependant mille fois mieux
que les opéras chantés par les admirables artistes de la
troupe italienne. En général, la dureté me répugne, et je
n'aime pas à dire des vérités brutales. Mais quand la médiocrité devient arrogante, quand elle est soutenue par la
faiblesse ou l'inconséquence, il faut, comme l'esclave an-
tique qui frappait le triomphateur au visage pour lui rappeler qu'il était homme, il faut en faire justice, et crever
le ballon gonflé de vent.

Que va-t-on entendre au Théâtre-Italien ? Sauf de rares

exceptions, des ouvrages faits en six semaines, et qui vivent six semaines, grâce aux exécutants. L'oreille y cherche en vain une intention, un motif, une phrase; elle ne trouve rien; un insipide enchaînement de lieux communs, de vocalisation sans couleur et sans dessin se déroule depuis l'ouverture jusqu'au final. Parfois l'auteur se prend d'une noble ambition, il veut faire de la force, et alors il ébranle la salle du fracas des cuivres qui ne sonne que du bruit, ou bien il a une velléité de science et de hardiesse, et tout d'un coup il fait grincer, au milieu de ces plats roucoulements, une discordance effroyable qu'il a prise pour un effet neuf et hardi. Et c'est pour rester fidèle à cette école sans vigueur et sans conscience que vous refusez d'aller juger la musique française contemporaine, condamnée par vous sans avoir été entendue ! Mais vous ne savez donc pas que les ouvrages dont je citais tout à l'heure une bien faible partie font l'admiration de l'Europe ? Vous ne savez donc pas que *Zampa* est mis, en Allemagne, le pays classique de la musique sévère, sur le rang des œuvres de l'immortel Mozart (1) ? Ne savez-vous pas que quelques productions d'Auber font les délices du public pour lequel ont écrit Weber et Beethowen ? Vous oubliez donc que, depuis cent ans, l'école française a amassé des trésors auxquels on ajoute chaque jour, et que les plus illustres maîtres allemands sont venus y joindre leur contingent ?

Hélas! pourquoi m'indigner et plaider la cause de la musique? On ne l'attaque pas, on ne s'en occupe pas. On

(1) Cette opinion peut paraître un peu hasardée ; je la donne comme celle du célèbre G. Onslow, qui discutait avec moi la prééminence des deux écoles, le 2 octobre 1848, au château d'Idogne (Allier).

est tombé plus bas que le mauvais goût, on en est à l'indifférence. Peut-être, si l'on cherchait bien, on verrait qu'il y a de la bonne musique là où on ne va pas, et de détestable là où on va ; mais on fait bon marché de ces misères. L'opéra nouveau est-il bon ? — Je n'y ai pas fait attention ; mais Mme Persiani a chanté avec une grace merveilleuse. — De qui est-il ? — Je n'en sais rien. Lucchesi était bien en voix. Ceci est le jugement des amateurs sérieux, des gens qui aiment l'art. Dans une loge, on fait remarquer des fleurs de la marquise de T...; dans l'autre, on se demande si l'on ira le lendemain à l'ambassade d'Angleterre. De temps à autre, cependant, on croit devoir se remettre en situation et déclarer, en respirant son flacon, que l'on a été bien émue, que Mlle Grisi a été admirable, et se féliciter d'être douée d'une organisation assez fine pour sentir toutes les beautés de la musique.

Voilà où en est, sans aucune exagération, la société élégante de Paris. Pour la masse, la musique est un prétexte à commencer deux heures plus tôt la vie de salon ; pour les gens qui écoutent, il s'est perdu dans le culte de l'exécution. Le mal n'a pas atteint seulement les fanatiques de la salle Ventadour ; en poursuivant ce triste examen, nous aurons à constater qu'il s'est étendu loin et a fait des progrès effrayants.

Les demi-dieux du Théâtre-Italien ne se revèlent à leurs adorateurs que trois fois la semaine, et pendant six mois seulement ; aux premiers jours du printemps, ils désertent leurs autels de Paris pour aller respirer l'encens britannique. Voilà donc les dilettanti abandonnés à eux-mêmes pendant la moitié de l'année. En bonne conscience, la musique des ballets qu'ils suivent assidûment ne saurait leur suffire : aussi, arrive-t-il parfois, aux hardis compositeurs qui mettent à la loterie du succès, de tomber sur une bonne chance. Mais, dans ce cas, il faut leur enlever le triomphe par surprise. Le public des salons pris à l'improviste peut se montrer indulgent et juste; si on lui laisse le temps de la réflexion, il retombe sous l'empire de ses préventions et de ses préjugés. N'en a-t-on pas eu un exemple frappant dans le prodigieux succès de Félicien David? Ce qu'on a exalté avant toutes choses dans le *Désert*, c'est l'originalité, et par parenthèse, tout en rendant justice aux grandes qualités de cette œuvre remarquable, je ne suis pas sûr que l'admiration ait rencontré bien juste sur ce point. Mais, enfin, si l'on prise tant l'originalité, comment se fait-il qu'on crie haro sur Hector Berlioz ? Pourquoi ceux qui n'ont jamais voulu entendre ses surprenantes partitions, les déclarent-ils sauvages et horrifiques à l'oreille? Je ne puis supposer que des gens, assez bien doués pour découvrir les intentions musicales du *Chant du Muezzin*, soient sourds aux mélodies de *Roméo et Juliette*. La marche de la *Caravane* n'est pas d'un dessin plus neuf, plus saisissant, je pense, que l'admirable *Marche des Pélerins* de la symphonie d'*Harold*, qui est peut-être le plus beau morceau de ce genre qui ait été écrit. Le chœur du *Lever du Soleil* n'est pas plus majestueux, pas plus grandiose que l'*Apothéose* de la symphonie funèbre de Juillet, où se déploient toutes les magnificences d'une harmonie mâle et passionnée. D'où viendrait cette sympathie subite pour quelques intentions rendues avec finesse, en présence de la répulsion systématique que rencontrent depuis si longtemps l'énergie indomptable, la puissance de conception et la science incomparable du compositeur dont le nom sera, quoi-

qu'on en ait, une des gloires de la musique française.
On serait bien embarrassé d'expliquer ce double mouvement de l'opinion, si l'on n'y reconnaissait l'action irré-
fléchie du seul pouvoir qui ne se discute pas, de *la mode*,
en un mot.

Les reproches adressés à la frivolité et à l'inconséquence du public sont plus vieux que la critique elle-
même, et elle doit être fort avare de ces vérités, qui
tombent dans le lieu commun ; mais il me semble qu'ici
ces défauts méritent une mention particulière, parce
qu'ils sont en contradiction positive avec l'allure générale
de notre époque.

En tout temps, en tout pays, ce sont les femmes qui
règlent la mode : aussi, chez les peuples orientaux, où
les femmes ne sont pas mêlées à la vie extérieure, n'y
a-t-il pas de mode. On y voit les siècles se succéder dans
une régularité monotone, qui n'est interrompue que par
quelques violentes secousses. Mais, en Europe, les femmes communiquent à ce qui les entoure le besoin du
mouvement qui les pousse sans cesse vers le nouveau et
l'inconnu. En laissant aux hommes ce qui exige la force
et la profondeur de la raison, elles ont gardé la part qui
leur revenait. Dans le domaine de l'imagination, partout
où la finesse de l'esprit et la chaleur du cœur sont les
qualités essentielles, elles règnent en maîtresses. Elles
sont appelées, dès-lors, à exercer une influence décisive
sur la manière d'envisager les arts, et là, elles ont même
sur les hommes la supériorité de la pratique, puisqu'elles seules ont assez de loisirs pour s'en occuper avec un
peu de suite.

« C'est à vous, s'il vous plaît, que ce discours s'adresse,
Mesdames.... »

Et l'empire très-légitime que vous avez conquis vous rend responsables du jugement public, qui n'est au fond que l'écho de celui que vous avez porté

Depuis trente ans, les femmes du monde ont reçu, sans le savoir peut-être, l'impression de tout ce qui les environne. Entrées plus avant dans les intérêts des hommes, ayant souvent à les soutenir de leur affection et de leurs conseils au milieu des luttes de chaque jour, elles ont gagné en jugement, en connaissance des choses réelles, en goûts sérieux, en instruction. Elles n'ont pas plus d'esprit que leurs grand'mères, qui étaient ce qu'il y a eu jamais de plus spirituel, mais elles ont un esprit plus applicable. Naturellement, leurs instincts prenant le dessus et les préoccupations graves étant dévolues aux hommes, elles reportent leur activité et leur vivacité d'intelligence sur ce qui séduit par l'éclat ou touche par le sentiment. Il semble aussi, n'en déplaise à notre orgueil masculin, qu'en matière de poésie et d'art, si nous sommes plus experts à juger la forme et le travail, elles apprécient mieux l'inspiration et la grace. Il arrive même parfois que cette faculté d'appréciation, lorsqu'elle n'est pas réglée par une forte raison et des connaissances techniques, s'exagère et leur fait considérer les productions des arts à un faux point de vue. Dans ce cas, leur erreur est de faire trop grande la part de l'invention ou de la passion, et de tenir trop peu de compte des conditions et des exigences matérielles de l'exécution.

D'où vient que pour la musique elles tombent dans l'excès diamétralement opposé ? D'où vient que ces organisations fines et merveilleusement aptes à saisir ce qui, dans cet art divin, charme le cœur ou éveille l'esprit, sont maintenant fermées à ces pénétrantes émotions, et ne se laissent plus aller qu'aux sensations presque physiques que produit une voix flexible et brillante ? Bien des causes concourent à ce fâcheux résultat, si peu d'accord avec l'ensemble de leurs idées et de leurs habitudes ; mais la principale est, je crois, la mauvaise éducation musicale qu'on reçoit actuellement.

J'en demande pardon aux lecteurs qui auront eu le courage de me suivre jusqu'ici ; mais, à moins qu'ils ne me laissent en chemin, je vais être contraint de les faire assister à quelques-unes de ces leçons peu récréatives que reçoivent les jeunes filles, ou à les traîner dans d'ennuyeux concerts. Je l'ai dit dès l'abord, j'ai pris mon sujet fort au sérieux ; je me suis donné la triste tâche de compter les plaies qui ont réduit le vrai goût musical à l'extrémité ; et si les pages qui précèdent ont donné quelque idée de la gravité du mal, on excusera mon obstination minutieuse à l'étudier dans tous ses détails.

Il n'est pas rare de voir de bonnes mères de famille, qu'on connaît depuis dix ans comme étrangères à tout ce qui se joue ou se chante, arrachées subitement à leur tapisserie par les cris de détresse de leurs filles, exécutantes de première force, mais auxquelles une valse à déchiffrer sans secours présente des difficultés insurmontables. Il se trouve alors que la femme de quarante ans, un peu dédaignée de la jeunesse à doigts agiles, lit à merveille à première vue, et qu'elle est bonne musicienne. Comment l'est-elle devenue ? Elle n'en sait plus trop rien. Dans son enfance, un ami de la famille ou un bon vieil organiste lui a appris à solfier. La musique était chère et rare, aussi a-t-elle lu ce qui lui tombait sous la main ; pour comprendre les partitions, il lui a fallu étudier des clés actuellement oubliées ; on lui a mis les doigts sur un piano, et le désir de connaître les œuvres des maîtres l'a amenée à jouer en partie les trios ou les morceaux concertants. Elle n'a pas acquis, il est vrai, une exécution brillante; mais elle s'est fait une instruction solide qu'elle retrouve au bout de vingt ans d'intervalle, quoiqu'elle ait négligé la musique, et qu'elle en ait peut-être même perdu le goût.

Mais si le temps n'a pas agi sur elle, sans s'en rendre compte, elle est, pour ses enfants, entrée dans le tourbillon commun. Elle a voulu leur donner les avantages dont elle a manqué jadis, leur aplanir les voies, et elle a mis sa fille dans les mains d'un habile maître de piano.

La grande affaire pour ce maître est de présenter au bout de quelques mois des progrès surprenants, d'éblouir par le prestige des difficultés vaincues. Il se garde donc bien de perdre le temps à enseigner ce que c'est que le ton, la mesure, le rhythme; il ne montre de la valeur des notes que juste ce qu'il en faut pour qu'on puisse procéder à de foudroyants exercices. Ces préliminaires importants expédiés aussi lestement que possible, on se lance dans la pleine mer des gammes montantes et descendantes, doubles, en tierces, en sixtes, etc. Arrive ensuite un morceau de mauvais goût, mais *bien doigté*, qu'on dissèque péniblement accord par accord, pendant trois mois, en faisant faire aux mains un travail gymnastique et des tours d'escamotage, sans que l'intelligence ait à s'en mêler le moins du monde. L'enfant s'ennuie horriblement, et de toutes ses leçons, c'est *la leçon de musique qui est la plus pénible* pour elle; cependant, en mettant en œuvre la sévérité ou les promesses, on arrive à travers bien des cahots au but désiré: l'exécu-

tion du morceau ; de là on passe à un autre, toujours
de plus en plus difficile. Au bout de cinq ans, on a joué
dix morceaux en tout, et on aborde, à l'admiration de
tous, la grande musique, c'est-à-dire la musique impossible.

Cette gloire n'est réservée qu'à de rares élues ; beaucoup n'ont pu gravir les âpres degrés de la fantaisie, et
sont restées gisantes sur la route. Dans cette rude carrière, il faut vaincre ou périr, et il n'y a pas de places
pour les médiocres qui forment la masse des élèves. Mais
ne pressez pas trop celles même qui ont su dompter
l'instrument. Expression, sentiment, tout est noté pour
elles, et se retrouve de routine à certaines mesures mar-
quées de signes hiéroglyphiques. En quel ton elles jouent ?
peut-être l'ignorent-elles ; qu'une note manque dans l'accord le plus simple, elles ne pourront certainement y
suppléer. L'habitude de se traîner lentement sur de plates
compositions a faussé leur goût, et accoutumé leur
oreille à de mauvaises tournures de phrases. Jamais une
belle page ne s'est ouverte devant elles, ou, si par hasard
elles ont tenté fortune dans un chef-d'œuvre égaré sur
leur piano, leur profonde ignorance des plus simples éléments de l'harmonie, leur incapacité à déchiffrer les a
rebutées au bout de deux lignes et les a mises hors d'état
de juger de sa valeur. Du reste, pour les fortes comme
pour les faibles, la musique n'ayant jamais été une sé-
duction, mais un labeur imposé, elles la détestent cor-
dialement, et le premier privilége de leur émancipation,
après le mariage, est de de ne pas toucher à leur piano
neuf, à moins que ce ne soit pour y chercher les walses
ou les mazurkas de l'hiver. Quelques jeunes femmes, en
possession d'un mari admiratif ou de parents enthousias-

tes, ont assez d'amour-propre pour continuer encore quelques années leur métier, et mènent à fin, bon an mal an, deux morceaux étourdissants. Mais ce sont de ces exceptions que l'on compte.

Voilà les deux générations en présence. Un mot expliquera leur différence. Il y a quarante ans, on apprenait la *musique*; aujourd'hui, on apprend le *piano*.

Le piano est sans contredit l'instrument le plus propre à rendre musicien et à faire connaître beaucoup de musique; il sert d'accompagnement à la voix, reproduit, par l'emploi des dix doigts, les richesses de l'orchestre et les combinaisons de l'harmonie; avec lui on peut suppléer à tout et se donner une idée de tout. Mais, pour arriver là, il faudrait d'autres enseignements que ceux que l'on reçoit. Les leçons de chant suivent à peu près les mêmes errements. On appelle un professeur, italien bien entendu; il vous apprend à filer des sons, à porter, à ménager, à poser la voix, à faire des cadences, des trilles, à nuancer, etc.; il vous fait chanter *Belisario*, les *Lombardi* ou même des cavatines de son cru, puis vous quitte sans avoir pensé à s'assurer si vous seriez en état de solfier la plus simple romance.

Encore là, et partout la lèpre musicale, l'*exécution !* Elle a gagné les artistes, le public; elle n'épargne pas l'enfance. On dresse l'élève à la difficulté, comme dans les bonnes pensions de Paris on nourrit les combattants pour le concours général, en les spécialisant et en négligeant la la partie essentielle de leur éducation. J'ai eu un camarade de collége qui avait tous les prix de discours latin, et à qui on avait complétement négligé d'apprendre l'orthographe. Il en est de même des jeunes pianistes du monde : elles parlent avec volubilité une langue qu'elles ne comprennent pas, et elles arrivent à la netteté intelligente de la machine.

Et si la jeune virtuose sort de chez elle et entre dans une salle de concert, qu'entend-elle ? La musique instrumentale est bien autre chose, bon Dieu ! que la musique dramatique, pour laquelle j'ai été si irrévérent plus haut. Un amateur peut aller trois mois de suite dans les salles d'Erard ou de Herz, sans se douter qu'il y a eu des auteurs qui se nommaient Beethoven, Mozart, Haydn, Weber. On a bien autre chose à faire qu'à jouer ces gens-là, qui ne savent pas les finesses du métier. Chacun se compose à lui-même des morceaux où il entasse des obstacles qu'il se donne à franchir.

Quand on a trouvé un croisement de mains ou un doigté infaisable, on écrit vingt pages sur cet heureux motif, en le hérissant d'autant de pointes aiguës qu'on en pouvait trouver ; puis, on se pose d'un air modestement fat qui dit clairement : « Jouez-moi cela si vous pouvez. » Aussitôt, trois cents grands pianistes se mettent à l'ouvrage, suent sang et eau, et essaient d'enlever cette imprenable citadelle. Ils n'y réussissent que trop, et célèbrent leur triomphe sur tous les pianos de Paris. De leur côté se tiennent les grands violonistes qui jouent avec quatre cordes à la fois, remplacent les quatre cordes par une seule, ou se servent du bois de l'archet, du doigt, de tout ce qui peut dénaturer le son ; et, puis derrière, viennent les grands flûtistes, les grands cornistes, qui passent les plus belles années de leur vie à chercher des effets bizarres.

La responsabilité de ces déplorables luttes doit peser sur deux grands artistes qui ont porté un coup terrible à la musique instrumentale par leur prodigieux talent et leur prodigieux succès, sur Paganini et Listz, qui ont introduit dans leur art les tours de force et d'adresse. Les imitateurs, comme toujours, se sont accrochés à la partie pratique de leurs modèles, impuissants qu'ils étaient à en reproduire la verve et l'énergie. Les artistes adroits ont pullulé : mais comme les difficultés pour les instruments à corde devenaient presque insurmontables, le nombre des adeptes a fort diminué dans le monde, et il n'y a plus pour les parties d'alto ou de basse que quelques vétérans découragés. Il est donc devenu presque impossible d'entendre un trio de Beethoven ou un quintette de Boccherini; les artistes, exténués de leurs travaux mécaniques, ne se réunissent pas pour faire de la musique concertante, et, dans les salons, le piano est resté maître de la place.

Ceci est un grave inconvénient : l'absence absolue d'instrumentistes amateurs a fait tomber dans l'oubli toute une catégorie de chefs-d'œuvre. La musique de chambre, à qui les maîtres avaient voué une grande partie de leur vie, est morte d'épuisement, et avec elle toute l'instruction, toute la science qu'on puisait dans son étude et dans l'exécution d'ensemble.

On ne peut en vouloir beaucoup aux artistes de céder au torrent sans essayer même de lutter : le succès et la vogue sont à ce prix. Par un cercle vicieux, le mauvais goût du public, qu'ils contribuent à perpétuer, les pousse dans cette voie, et les exigences de leur position sont impérieuses. La mode leur ordonne aussi de composer, fût-ce malgré Minerve; et les magasins des éditeurs regorgent de caprices, rondos, fantaisies, études, concertos, qui naissent chaque jour. Or, dans cette multitude féconde, combien y en a-t-il qui fassent de la musique? En France, deux pianistes seuls ont mérité selon moi le nom de compositeurs , ce sont : le trop regrettable Chopin , et Heller ; en Allemagne , Mendelssohn et Schumann ; en Angleterre , Moschelès , et puis la liste est close.

Voilà donc la musique instrumentale absorbée par l'exécution ; il ne reste même plus à l'art sincère un refuge dans les églises, naguère inviolables, les pianistes ont envahi les orgues et font retentir les échos sacrés de morceaux brillants sur la *Norma* et la *Lucia*. Les professeurs italiens ont pénétré derrière l'autel et assaisonnent le service divin de morceaux à deux où trois voix de leur façon et d'un goût douteux , avec points d'orgué , agréments et tous les ornements du genre.

Ainsi jetée dans l'enfance dans cette route dangereuse , égarée par des maîtres insouciants , ne trouvant dans les salons , au théâtre, aux concerts , aux églises même, que de funestes exemples , comment la jeune génération ne tomberait-elle pas dans le piége ? Elle ne sait pas où est la vraie musique , elle ne l'a pas entendue, elle ignore jusqu'à son nom et à son existence , elle a besoin d'aimer quelque chose et adore innocemment les faux dieux.

Le talent d'exécution auquel on a tout sacrifié , jusqu'aux plus saines traditions , a-t-il donc tant gagné ? Regardons-y d'un peu près , et prenons à partie les chanteurs italiens. Ce sont de grands virtuoses ; ils manient admirablement des voix admirables ; soit. Quelques-uns ont des intentions dramatiques, cela s'est vu et se voit encore. Mais, est-ce à dire qu'ils aient atteint la perfection du chœur lyrique ? Non , suivant moi, et je pense même qu'ils lui tournent le dos. Au point de vue technique , ils manquent d'ampleur , négligent souvent d'adoucir les notes aiguës et n'obtiennent guère leurs effets que par un

affaiblissement factice du son qu'ils ramènent périodique-
ment pour donner de la force et de l'éclat à la reprise.
Quant à la déclamation musicale, elle est pitoyable.
Quelque mépris qu'on ait pour les poèmes d'opéra, encore faut-il entrer un peu en situation, et ne pas chanter
une scène d'amour et une scène de meurtre de la même
manière. L'intelligence scénique contribue aussi à l'exécution, et je ne l'ai trouvée sur les planches du Théâtre-
Italien qu'à Mlles Grisi et Lablache. (Je n'ai connu ni
Mlle Sontag ni Mme Malibran, je les aurais ajoutées
sans doute aux artistes exceptionnels que je viens de
citer.)

Je n'ai parlé jusqu'ici que des opéras sérieux; car, pour
les opéras bouffes, l'instinct comique, naturel à tous les
fils de l'Italie, sert assez bien les chanteurs. Aussi, ont-ils
abandonné d'eux-mêmes la partie de leur répertoire qui
exigeait un peu d'attention à la vérité dramatique, et ne
jouent-ils plus certains ouvrages de Rossini ou les chefs-
d'œuvre de Mozart qu'à leur corps défendant et de mauvaise grace. Ils ne veulent plus autre chose que ces partitions faites exprès pour eux, où les morceaux se suivent
sans aucun lien, et dont la médiocrité les dispense à leurs
propres yeux de tout effort. Sauf d'honorables exceptions,
ils se laissent aller à une négligence, à une mollesse d'exécution qui montrent combien peu ils prennent au sérieux
leur public et eux-mêmes. Sur la scène, dans les salons,
ils chantent comme par faveur, sans se fatiguer, en riant,
quand l'envie leur en prend, avec des façons singulières
et dégagées. Voilà donc ces artistes modèles qui ne s'in-
quiètent ni de la musique, ni du jeu, ni de l'expression
dramatique, ni des convenances, ni souvent même du
chant. Sont-ce là des exemples à proposer aux élèves et

aux débutants ? Doit-on considérer leur école comme la seule chose à suivre ? leur patrie comme la terre promise des chanteurs ?

Cette opinion serait soutenable en Angleterre, en Russie, dans les pays déshérités de talents nationaux ; mais en France, c'est un aveuglement volontaire. Etait-ce un Italien ou un élève des Italiens, cet Adolphe Nourrit, qui a été le dernier interprète de Gluck, et qui a, pendant vingt ans, rendu avec tant de passion et d'éclat les plus belles productions modernes ? Et le plus grand, le plus habile chanteur contemporain, qui vient à peine d'abandonner la première scène lyrique du monde, Duprez n'a-t-il pas puisé dans une école toute française cet art admirable et cette belle diction des récitatifs qui l'ont placé si haut ? Et Levasseur, et Massol, et Ponchard ; et Roger, leur digne héritier, ce fin et spirituel chanteur, toujours de bon goût, toujours élégant, qui donc mettez-vous au-dessus ?

Jetez les yeux en arrière, reportez-vous au temps où il y avait encore un Grand-Opéra. Rappelez-vous ces admirables représentations de *Don Juan*, où trois Françaises remplissaient les trois rôles de femme, dont l'un au moins est ordinairement sacrifié : Mme Damoreau, dont la voix pure et la séduisante méthode ont fait les délices de deux générations ; Mlle Falcon, la plus grande chanteuse tragique qui ait paru jamais depuis Mme Malibran, et qui n'avait rien à redouter du souvenir de cette incomparable artiste, qui n'a fait que traverser la carrière, mais en y laissant les plus glorieuses traces ; Mme Dorus, qui chante avec autant d'agilité, de science, de perfection que Mme Persiani, et qui a, de plus, une voix charmante ; n'étaient-ce pas là des enfants de Paris, des élèves de ce

Conservatoire si dédaigné ? Un grand nombre d'artistes, moins illustres, mais très-remarquables néanmoins, n'ont-ils pas passé sous nos yeux ou ne sont-ils pas encore sur nos scènes lyriques ? Soyez donc justes, et bénissez le ciel de nous avoir donné de tels talents pour nos plaisirs et pour la gloire dramatique de la France. Un peu d'encouragement et de bienveillance, et il leur viendra des successeurs. Notre terre est féconde, quand un rayon de soleil y tombe et la réchauffe.

Quelle est donc la supériorité réelle des Italiens ? La voix. Ils n'en ont pas d'autre, et sur beaucoup de points, ils sont inférieurs. Ce n'est donc pas même à l'exécution parfaite, c'est à une faculté physique que vous avez sacrifié le sentiment et le goût musical. Une aberration si fatale, je dirai presque si honteuse, ne se discute pas ; il suffit de la révéler.

Heureux encore ceux qui ont conservé quelque étincelle d'enthousiasme, si faux que soit leur goût. Je déplorais plus haut l'indifférence générale pour les compositions musicales ; elle n'est pas moindre souvent pour l'exécution même. Est-elle réelle ? est-elle affectée ? On ne peut le dire, mais, cependant, je la croirais volontiers un calcul. Comment penser, en effet, que le sang se soit figé dans les veines de toute une génération au point de la rendre insensible aux plaisirs dont elle est si avide ? N'est-il pas plus naturel de regarder ce flegme, cette froideur glaciale comme des masques qu'on s'impose pour se donner une fausse élégance ? Les femmes ont peur de se décoiffer ou de déchirer leurs gants ; les hommes craignent de perdre la réputation de *blasés*, qui est la plus précieuse pour un dandy. Chacun regarde son voisin du coin de l'œil avant de se permettre le moindre signe d'approbation ; la bourgeoisie arrive à prendre ainsi des airs dédaigneux et fatigués pour singer les hautes classes, et *nil mirari* est devenu la devise universelle.

Chaque jour, les journaux constatent les triomphes obtenus la veille par de grands artistes. Ce sont là de généreuses impostures destinées à consoler les gens de talent et à cacher le vice de notre époque. Mais, en réalité, toutes les sympathies, tous les élans de l'exaltation semblent réservés aux danseurs, aux écuyers et aux clowns.

Combien de fois Grisi, Duprez, Rachel n'ont-ils pas quitté la scène au milieu du silence des loges, tandis que l'élite de ce peuple qu'on a nommé les Athéniens du Nord faisait trembler de ses cris et de ses applaudissements frénétiques les gradins du Cirque ? J'ai trouvé souvent les acteurs trop chèrement payés ; je me trompais : il faut beaucoup d'or pour faire oublier à des gens qui ont le sentiment de leur art et de leur valeur l'amertume d'une position qui les contraint à s'épuiser en efforts pour arracher quelques-unes de ces marques d'admiration prodiguées à l'agilité, à l'adresse ou à la vigueur physique.

Je le répète, je fais à tous les dédaigneux l'honneur de leur supposer plus de sensibilité qu'ils n'en montrent, et de les regarder comme des fanfarons d'indifférence. Mais quelle que soit la cause, le résultat n'en est pas moins affligeant. Ainsi, un sot respect humain vient s'ajouter à tous les autres principes mortifères pour tuer le goût et rabaisser l'art divin par excellence.

Ne désespérons pas, cependant : la vérité et la beauté peuvent disparaître quelque temps, mais elles ne sont jamais étouffées, et leur flamme pure et brillante s'élève tout à coup au milieu des tristes cendres qui la tenaient cachée. L'esprit humain ne s'arrête jamais, et parvenu à l'excès du mal , il revient au bien par une crise salutaire. Depuis quelques années déjà , une réaction musicale se prépare , mais les efforts sont encore isolés et ne peuvent élever une digue assez puissante pour résister au torrent. Après avoir eu tant à blâmer, tant à gémir , il m'est doux de rendre justice au courage intelligent de ceux qui se sont mis à la tête du mouvement. C'est, il faut le dire, aux amateurs surtout que l'honneur doit en être fait. Il est cependant quelques artistes désintéressés et consciencieux qui protestent de leur exemple contre les mauvaises tendances de leurs camarades , et ceux-là sont des meilleurs. Tout le monde connaît Ch. Hallé; mais ceux mêmes qui ont eu le bonheur de l'applaudir dans les concerts ou les salons ne savent peut-être pas tout ce que vaut ce grand artiste. S'être placé , à 24 ans, au premier rang parmi les pianistes , dans un temps où l'habileté de l'exécution devient si commune, est son moindre titre à la sympathie des gens de goût. Par un rare privilége , *quoique musicien, il aime la musique ;* il sait distinguer le bon grain de l'ivraie, et a mis au service des maîtres son admirable talent. Après une journée de travail et de fatigues, c'est encore à son piano qu'il cherche le repos. Mais c'est à Beethoven, à Mozart, à Bach qu'il s'adresse alors, et là , en feuilletant au hasard les cahiers ou en puisant dans son incomparable mémoire, il rend ses chefs-d'œuvre favoris avec une puissance, un charme , une science dont on ne saurait se faire une idée. Il s'élève alors à toute la hauteur de cette admirable musique que personne ne traite avec autant d'aisance et de supériorité. Il a eu la modestie de mettre sa gloire à en devenir le fidèle interprète, et du premier coup s'est fait ainsi la plus belle part. Mais ce n'est pas à lui seul et à ses amis qu'il ré-

serve ces précieuses jouissances; plusieurs fois, dans l'hiver, aidé de Batta, de Delsarte et de quelques autres, il
joue à d'heureux privilégiés, dont le nombre se grossit
chaque jour, les œuvres classiques qu'ils chercheraient
en vain dans les plus brillants concerts. Curieux de tout
ce qui est beau, Hallé demande aux modernes leurs meil-
leures inspirations et fait entendre, après les œuvres des
illustres morts, celles de Mendelssohn, de Chopin, ou les
caprices symphoniques de Stephen Heller, qui sont, au
dire de Berlioz, les plus beaux morceaux de piano écrits
depuis Beethoven.

A quelque pas, dans une petite maison cachée sous
les arbres comme un nid de rossignols, vit une famille
unie par le souvenir chéri d'un grand musicien, du célèbre Baillot. Là, aussi, est pratiqué le culte des anciens;
là, à de trop rares intervalles, se réunissent des femmes
du monde dignes de savourer ce suave parfum, quelques
vieux amis, quelques artistes avides du beau ; là, Baillot
disait à son auditoire charmé les merveilles d'Haydn et
de Mozart; là, son fils d'adoption, Eugène Sauzay, se-
condé de Mme Sauzay et de Réné Baillot, dignes héritiers
d'un grand nom, et de quelques anciens du quatuor,
fait connaître les magnifiques concertos de Mozart, incon-
nus en France. Delsarte, un des premiers chanteurs du
monde, malgré l'insuffisance de sa voix rebelle, fait cou-
ler de douces larmes par les accents touchants d'Orphée
et d'Alceste. A la fin de la soirée, M. Boëly, le savant
organiste, fait connaître les belles pièces écrites par les
Bach et par Couperin. Malheureusement, ces artistes
d'élite se replient un peu trop dans leur heureux iso-
lement, et leurs amis sont forcés de leur garder le secret.
Me pardonneront-ils de les avoir dénoncés ?

J'ai déjà nommé deux fois Delsarte ; c'est qu'on le retrouve chaque fois qu'il s'agit de grande musique. Il est
un des artistes les plus originaux et les plus sincères que
l'on puisse voir. Né avec un organe voilé et peu étendu,
il est parvenu, à force de vérité, d'étude, de profond
sentiment, à des résultats d'effet auquel les virtuoses les
mieux doués sous le rapport vocal n'atteignent que rarement. Admirateur passionné de Gluck, il a cherché dans
ce maître incomparable les finesses d'intention, la déclamation tragique, la grande manière lyrique, et a trouvé
tout ce qu'il cherchait. C'est dire qu'il est non seulement
un grand chanteur, mais un homme d'un esprit pénétrant
et sûr. Espérons qu'un jour, placé à la tête d'un enseignement largement organisé, il fera voir combien une méthode sérieuse, raisonnée et inspirée de bonnes traditions,
l'emporte sur la routine prétentieuse des écoles italiennes.

Mais, grâces à Dieu, les professeurs ne manquent pas;
le Conservatoire en compte d'habiles et même d'illustres
qui peuvent se glorifier de leurs élèves. Presque tous les
grands artistes que j'ai cités ont été pensionnaires de ce bel
établissement, d'où sortent, en outre, tant d'instrumentistes remarquables. C'est parmi ces exécutants éprouvés
que s'est formée, il y a trente ans, cette célèbre société
de concerts à laquelle on doit l'introduction, en France,
de la musique de Beethoven, qu'on croyait sur parole,
de ce côté-ci du Rhin, être les folies d'un cerveau ma-
lade. La force de volonté avec laquelle cet orchestre sans
égal dans le monde a résisté aux préventions, a dompté
la mode, et a fini par l'entraîner et la fixer devant lui,
est un de ces éclatants services dont l'histoire de l'art fera
une de ses plus belles pages ; et le nom de Habeneck, le
digne chef que s'était donné cette généreuse troupe, sera

à jamais inséparable de celui du géant de la symphonie. La grande musique instrumentale date, chez nous, de cette institution qui lui a ouvert une large carrière ; et, dès l'abord, la société des concerts a pris le premier rang en Europe. La petite salle chancelante et enfumée des Menus-Plaisirs est devenue le point de mire de toutes les ambitions musicales. Entendre exécuter sa musique, y jouer soi-même, est le rêve des compositeurs et des exécutants.

Que le public privilégié, devenu ainsi juge suprême des réputations, n'aille pas s'en énorgueillir et surtout ne se croie pas rentré dans la bonne voie parce qu'il applaudit Beethoven, Mozart, Gluck, Haendel six fo's par an. Il y a au parterre et dans quelques loges de vrais croyants qui en goûtent parfaitement les beautés ; mais combien n'y a-t-il pas, parmi les enthousiastes les plus démonstratifs, d'habitués des Italiens. Cette majorité n'est pas là pour son plaisir; car, quelque éclectique que l'on soit, il est impossible d'adorer d'un égal amour la platitude et le génie, de s'extasier le samedi soir à *Malek-Adel* et le dimanche à la *Symphonie pastorale*. Mais il est de bon ton de se montrer au Conservatoire, parce que la salle est petite, les places fort rares et fort disputées, et l'on se sacrifie. Cependant, cet entraînement, quand même il soit frivole, est un hommage rendu aux beautés qu'on méconnaissait il y a peu de temps ; à force d'entendre la vérité, malgré soi on finit par s'en pénétrer, et des convertis nouveaux grossissent le nombre des fidèles.

Parmi nos fidèles, beaucoup accueillent de leurs transports les chœurs bibliques de Haendel, auxquels Mme Viardot a prêté l'éclat de son talent et de cette chaleur de cœur héréditaire dans la famille Garcia, sans se douter à qui ils doivent ce bonheur. Il y a quelques années, excepté les voyageurs qui avaient assisté aux grandes solennités musicales qui ont eu lieu aux grands jours dans les cathédrales d'York, de Durham, de Cantorbéry, nul en France n'avait entendu exécuter un seul morceau d'Haendel. Un amateur savant et passionné, M. Edouard Rodrigues, qui avait jugé sur quelques fragments de l'immense valeur de ce trésor inconnu, fit venir les partitions d'Angleterre, traduire les poèmes, rassembla sa famille, ses amis, organisa, dirigea les répétitions, et un jour fit exécuter chez lui l'oratorio de *Samson*. Les artistes s'émurent, des morceaux détachés parurent dans les concerts du Conservatoire. Depuis lors. les *Machabées* ont été également naturalisés français par sa persévérance et son activité. Son personnel chantant s'accrut tous les jours, et des concerts dirigés par lui au profit d'œuvres charitables répandirent ces nouvelles lumières ; infatigable, ardent, trouvant autour de lui, dans les siens, les mêmes sentiments, il aborde la grande musique sur tous les points ; et chaque année la modeste église de Pecq retentit, grâce à lui, des chants sublimes de Mozart ou de Chérubini, qu'on n'entend plus à Paris. Qnand l'heure de la régénération aura sonné pour l'art musical, M. Rodrigues pourra à bon droit se glorifier d'avoir un des premiers combattu pour sa cause et d'avoir une grande part du succès.

Un autre amateur, qui serait un musicien, si sa haute position permettait de lui donner ce titre, a été mis, par une société fondée sur les principes les plus sévères, à la tête de concerts que la justice publique a appelés de son nom. M. le prince de la Moskova est l'âme d'une réunion célèbre déjà, quoiqu'elle n'ait que douze ans d'existence, et dont le but est de remettre en lumière la musique religieuse classique. Les plus grands noms de France patronnent cette entreprise, et les plus élégantes femmes de Paris tiennent à honneur de chanter dans les chœurs. Plusieurs fois dans l'année, une assemblée, composée de tout ce qu'il y a de plus élevé et de plus charmant, entend dans la salle de M. Herz les chœurs de Marcello, de Palestrina, de Scarlatti, de Roland de Lassus, ou de précieux fragments exhumés par une pieuse curiosité de la poussière des vieux manuscrits. Ces intéressantes séances seraient peut-être encore plus efficaces, si le répertoire de la société n'était pas un peu trop exclusif. Ne pourrait-elle, sans sortir des limites de la musique religieuse classique qu'elle s'est fixées, appeler à son aide quelques auteurs plus modernes ? Le *Requiem*, les messes et l'*Ave verum* de Mozart, ne seraient certes pas déplacés au milieu des œuvres de ses devanciers, et le charme de ses irrésistibles accents achèverait la conversion de ceux qui pourraient être effrayés par une sévérité un peu uniforme. Mais ce qui mérite des éloges sans réserve, ce que l'on admire chaque fois avec une surprise toujours nouvelle, c'est la perfection des chœurs de la société. Ils attaquent les morceaux d'ensemble avec une précision de mesure, une justesse de rentrée, une finesse d'intention qu'on ne retrouve sur aucun théâtre lyrique, et qui ne sont troublés ni par les difficultés du rhythme ni par la complication des parties.

Un tel résultat fait le plus grand honneur à la solide instruction, à la patience, à la discipline des exécutants, ainsi qu'à la science de direction de leur chef. Je ne dirai rien des solos, les charmantes *prime donne* échappent à l'éloge public, et il faut laisser leur nom courir de bouche en bouche à une élégante célébrité. Quelques artistes, à la tête desquels se place un compositeur de grand talent, M. Niedermeyer, apportent leur concours à cette œuvre méritoire.

Je n'ai parlé jusqu'ici que des hautes classes. Est-ce à dire que le peuple soit en France, comme on le dit trop souvent, dénué de sens musical ? Loin de là. La musique, comme tous les arts de luxe, s'adresse évidemment plutôt aux personnes de loisirs, préparées par leur éducation et leurs habitudes d'esprit aux impressions délicates qu'aux travailleurs, à peine instruits et absorbés par le soin de pourvoir à leur existence matérielle. Mais, comme je l'ai dit au début, la musique est la consolation et la joie de l'homme dans toutes les situations; la forme seule varie.

La société élégante a mauvais goût, parce qu'elle entend de mauvaise musique. Les classes inférieures n'ont aucun goût, ni bon, ni mauvais, parce qu'en général elles n'entendent rien, mais l'aptitude ne leur manque pas. Arrêtez-vous devant des ouvriers à qui un travail exceptionnel permet des distractions plus chères et plus relevées que celles de leurs camarades; suivez dans les rues quelques-uns de ces enfants que le Midi seul produit, et vous entendrez des airs entiers d'opéras comiques ou même de grands opéras, répétés imperturbablement et dans tous leurs détails par ces chanteurs improvisés qui les ont entendus trois ou quatre fois à peine. Le plaisir et l'ambition des artisans est d'aller au théâtre ; il n'y a pas de fête populaire sans musique, et un des principaux éléments de succès d'un bal public est maintenant un orchestre complet et satisfaisant. Sans contredit, de là à un goût pur il y a loin, mais enfin ce sont là autant de preuves d'une ardeur naturelle dont on pourrait tirer bon parti.

J'ai cependant des antagonistes qui s'opposent systématiquement à l'invasion du goût de la musique dans les classes inférieures : ils prétendent qu'il y a profanation de l'art dans sa vulgarisation, que la musique ne saurait devenir populaire qu'autant qu'elle serait abaissée à la portée de tous, et ils font un tableau effrayant des dégradations successives que subit nécessairement l'œuvre du génie, depuis la pensée créatrice qui la jette dans le moule d'une partition jusqu'au travail grossier du manœuvre qui la démembre et la prostitue dans un orgue de Barbarie.

Mes adversaires auraient raison si je voulais populariser l'art au moyen de l'exécrable serinette que les vagabonds promènent dans nos carrefours ou à la façon de Musard, Valentino, Julien, ces Orphée de la petite propriété. Non, non, loin de moi cette abominable pensée : je ne reconnais pas que des chaises cassées (1), des coups de tromblon, des claquements de fouet, etc., soient des effets compatibles avec les progrès de la musique ; je laisse ces misérables de côté, ils peuvent faire peur aux petits enfants, ils ne m'inspirent que dégoût. Je ne veux pas ravaler l'art jusqu'à l'intelligence défectueuse du prolétaire ; je veux élever le prolétaire jusqu'à l'intelligence de l'art, et pour cela c'est une éducation générale qu'il s'agit de commencer.

On a compris, du reste, l'importance de cette éducation pour le peuple ; l'enseignement de la musique fait aujourd'hui partie de l'instruction primaire dans nos écoles com-

---

(1) Musard a composé, pour les concerts de la rue Vivienne, il y a une quinzaine d'années, une contredanse intitulée : *La Chaise cassée*, où l'un des exécutants brisait effectivement une chaise. Le même maître a fait aussi une contredanse contenant un *rinforzando* terminé par un coup de pistolet. Je suis bien aise de constater ici ces extravagances musicales, et l'aberration du goût qui les a tolérées.

munales , et, grâce à ce soin, on peut espérer que le re-
cueillement des fidèles ne sera plus mis dans les églises de
campagne à une trop rude épreuve par les cris étranges
qui se poussent autour du lutrin. Dans les villes, notam-
ment dans celles du nord de la France, cet enseignement
est assez développé, et Paris a pris sa place légitime à la
tête du mouvement. Un administrateur, dont le nom sera
toujours associé dans la mémoire des Parisiens à toutes les
améliorations, à tous les embellissements de leur cité,
M. le comte de Rambuteau, a établi sur les bases les plus
larges la belle institution nommée *Orphéon*. Personne
n'oubliera jamais la profonde impression produite par
l'exécution annuelle des sections réunies. Deux mille chanteurs de tout âge, qui tous prennent, sur leur repos, après
de rudes journées de travail manuel, les heures de l'étude,
disent avec un aplomb imperturbable des morceaux d'un
rhythme quelquefois irrégulier et coupés par des rentrées
inattendues. Le merveilleux ensemble des voix, la délica-
tesse des nuances, la sûreté des arrêts et des départs étaient
tels, que bien rarement on peut les obtenir de chœurs plus
nombreux et éprouvés par la pratique. Pas un instrument
pour donner le ton; un diapason seulement fournit le *la*
sur lequel toutes les voix élèvent aussitôt l'accord parfait.
Un seul homme, M. Hubert, digne successeur du fameux
Wilhem, dirige, sans effort, sans travail apparent au
moins, cette armée si bien disciplinée. On peut voir par
là quel zèle, quelle énergie le peuple français met au bien,
quand on lui montre la route; combien il est bon et sen-
sible aux généreuses impressions, quand on distrait son
imagination ardente des mauvaises pensées pour le pousser
aux idées d'étude et de perfectionnement.

Je me laisse emporter hors des limites toutes spéciales

de mon sujet par l'émouvant souvenir de ces grandes scènes ; mais, cependant, je ne m'en éloigne pas autant qu'il pourrait le paraître. En effet, c'est pour le peuple surtout que la musique offre des avantages immenses au point de vue moral, et, à ce point de vue seul, elle devrait occuper plus encore l'administration.

Qu'on me permette une hypothèse. Supposons au milieu du carré Marigny, et sur le terre-plein de la barrière du Trône, deux orchestres immenses, chacun contenant deux ou trois cents musiciens, et exécutant, le dimanche et le jeudi soir de chaque semaine, des morceaux bien choisis et d'un caractère bien dessiné : peut-on douter qu'une grande partie de la foule qui va par désœuvrement dépenser dans les cabarets, hors barrière, les épargnes de la semaine, ne se portât vers ces distractions gratuites ? J'en appelle à tous ceux qui ont manqué être étouffés dans la multitude compacte qui s'amoncelait, il y a dix ans, autour du chétif orchestre des Tuileries, au 1er mai. Entendre de la musique sans payer a toujours été la plus grande félicité pour les Parisiens, et je suis convaincu que plusieurs milliers de travailleurs oublieraient le chemin de la débauche pour aller jouir de cet honnête passe-temps. Ce que je suppose se pratique en Allemagne dans toutes les villes importantes, et chez nous même dans quelques-unes de nos places de garnison. Que faudrait-il pour que ce château en Espagne devînt en France une réalité utile ? Quelques modiques frais de bâtisse ou d'entretien et un arrêté du ministre de la guerre. Il y a à Paris, par exemple, trente mille hommes de troupes, qui comptent bien au moins mille instrumentistes dans leurs corps de musique ; de plus, il y a un gymnase spécial où l'on forme des sujets nombreux. A quoi sont-ils bons ? A jouer pendant une demi-heure le jour où le tour du régiment est venu de monter aux Tuileries, et quatre fois par an, tout au plus, à des revues. Ne pourrait-on pas les utiliser dans l'intérêt de tous, dans l'intérêt de leurs études et de leur talent, en les obligeant à exécuter une ou deux fois par semaine de bonne musique, choisie et instrumentée avec soin par leurs chefs, qui se formeraient ainsi à la composition et à la distribution des parties ? Nous avons vu quelquefois quel parti on pouvait tirer des masses militaires, et il serait triste que les tentatives faites jusqu'ici restàssent infructueuses. Qu'on essaie d'en faire une application régulière ; je crois qu'on aura de plus de bons corps de musique éprouvés par la pratique, de moins beaucoup d'ivresse, de querelles, de misère et de dépravation.

Mais, si je me livrais au plaisir spéculatif des souhaits, combien n'en aurais-je pas à former d'une réalisation plus difficile et qui attireraient sur ma tête un orage de réprobation ! Aurai-je le courage d'exprimer le vœu de voir disparaître, au moins pendant quelques années, le Théâtre-Italien, ce centre de contagion où la maladie qui nous dévore se renouvelle chaque année? Eh bien ! oui, je le ferai, mû par une conviction, entraîné, séduit par un souvenir. Ma conviction à l'endroit de la musique italienne, de ses interprètes surtout, est connue. Le souvenir que j'invoque le voici :

J'écrivais le 3 août 1850, dans la *Revue et Gazette musicale*, n° 31, les lignes suivantes : « Du jour où l'O-
» péra est sorti de la Maison du Roi pour devenir une en-
» treprise commerciale, il a perdu son unité, sa grandeur,
» sa supériorité. Que fait la haute commission placée près
» de ce théâtre, pendant que la faiblesse de son adminis-

» tration et la désertion de beaucoup d'artistes de mé-
» rite précipitent la ruine d'une institution nationale si
» utile et jadis si glorieuse ?... »

Ce reproche eut dans toute la presse parisienne un retentissement profond : je n'ose ni dire ni croire qu'il a eu
une influence quelconque sur une récente et salutaire dé-
cision , toujours est-il qu'il a porté bonheur à la musique.
Serai-je aussi heureux en ce qui touche la question du
Théâtre-Italien ? Je le voudrais de grand cœur.

Mais ce serait aller trop loin et viser trop haut dans
mon humeur chagrine, et, depuis l'honnête chevalier de la
Manche, les redresseurs de torts ne font pas bonne figure.
Pour honorer les saines doctrines , il a fallu attaquer les
hérésies et dire nettement des vérités pénibles. Maintenant,
laissons retomber le voile un instant soulevé et espérons
mieux de l'avenir. Le temps fera justice de bien des erreurs , de bien des abus ; et, maintenant même que le
mal est fort grave , ne doutons pas de la guérison. Ayons
foi pleine et entière, sur ce point comme sur tous, dans
l'intelligence vive et éclairée, qui a placé et qui maintient
toujours la grande nation française à la tête du mouvement des esprits dans le monde civilisé.

Héroïque dans son origine , vertueuse dans son but que
la musique règne toujours maitresse des âmes et des sens
en les élevant au dessus des lâches faiblesses. Reine des
passions, qu'elle ne les réveille qu'au profit de la vertu;
qu'elle soit à jamais l'interprète du grand , du vrai, du
beau , la compagne du goût, l'âme de la société , les délices du monde.

(Extrait de la *Revue méridionale*, de Nimes.)